Le club des poneys

11

Spirit passe ses galops

Pour Olivier Rabouan qui dirige
le poney-club de la forêt de Moulière.
Il m'a appris combien nous pouvons apprivoiser
nos émotions en apprivoisant les chevaux.
S. B.

Pour Sylvie,
qui m'a ouvert le chemin de l'écriture et de la photo,
et pour tous les chevaux et les poneys
qui m'ont parlé à l'oreille et m'ont fait grandir.
À tous ceux que je fais monter à cheval et qui m'ont éclairé
pour vous transmettre la passion de l'équitation.
O. R.

Photographie de couverture @ JUNIORS BILDARCHIV/AGE FOTOSTOCK

Loi n° 49-956 du 16 juillet 1949 sur les publications destinées à la jeunesse,
modifiée par la loi n° 2011-525 du 17 mai 2011.
ISBN : 978-2-09-255732-7
Dépôt légal : juin 2015

le club des poneys

11

Spirit passe ses galops

Sylvie Baussier
en association avec Olivier Rabouan

Illustré par Lisa Pelissier

Nathan

Chapitre 1

Depuis qu'elles habitent toutes les deux à quelques minutes du poney-club, Léa et Mathilde font toujours le trajet ensemble. Mais ce matin, Léa a attendu son amie en vain, pour la première fois !

Et maintenant qu'elle est arrivée à destination, elle remarque que Nathan fait une drôle de tête. Que se passe-t-il avec ses amis, aujourd'hui ?

Quand la voiture de ses parents repart, le garçon reste planté au milieu de la cour, très pâle. Léa s'inquiète :

– Tu es malade ?

– Presque pas, proteste-t-il en esquissant un sourire. J'ai un peu mal au ventre.

Il s'éloigne vers les boxes sans bavarder davantage, mais Léa ne reste pas longtemps seule. Mathilde termine sa course en roue libre et stoppe son vélo juste à côté de son amie. Elle rejette sa longue frange d'un mouvement de tête machinal, révélant ses joues en feu. Léa s'étonne :

– Qu'est-ce qui t'arrive ?

– Je n'ai pas eu le temps de te prévenir ! Doux Rêve a fait une fugue, il a fallu que papa et moi, on le rattrape dans les champs ! Mon poulain est de plus en plus désobéissant.

Elles éclatent de rire en songeant à tous les moments qu'elles ont passés à la ferme de Mathilde avec Dolly et son petit...

Nathan reparaît du côté des barrières, tenant à la longe Spirit, un énergique poney welsh à la robe brune. Mathilde adresse un joyeux « Bonjour ! » à son camarade, mais n'obtient pour toute réponse qu'un grommellement. Elle ne se décourage pas et ajoute :

– Olivier a déjà formé les couples ?

Olivier, c'est le super moniteur du poney-club. Et la formation des couples, c'est le rituel du matin, pendant lequel chaque enfant choisit sa monture.

– Pas la peine, répond Nathan en haussant les épaules. Je monte toujours Spirit, alors...

Voilà que ce garçon si tranquille ne se préoccupe plus des règles du club ! Il sait pourtant que les poneys ne sont pas attribués systématiquement à qui les veut ! Mathilde et Léa échangent un regard, vaguement mal à l'aise.

La blonde Clémence fait son apparition, puis c'est au tour de Camille. Des « bonjour », des bises, des sourires s'échangent. Le petit groupe est bientôt en pleine conversation, et personne ne s'intéresse plus à Nathan. Personne, sauf Léa : elle observe son ami, qui a repris des couleurs. Il finit de nettoyer la robe de Spirit à la brosse douce, puis lui fait face et commence à lui parler. Les oreilles bien droites, le poney écoute attentivement. Léa est trop loin pour bien entendre, et cela pique sa curiosité. Elle ne saisit que des bribes apportées par le vent : « ... avec toi... m'aideras ?... » Mais le poney doit sentir la tension qui monte chez le garçon, car plus il écoute et plus il bouge la tête, le regard ourlé de blanc, les oreilles en arrière. La voix de Mathilde sort Léa de son observation :

– Et toi, qu'est-ce que tu en penses ?

L'intéressée tourne son attention vers le groupe qui l'entoure.

– Hein, quoi ?...

– Évidemment !

– Non, je plaisante, c'est quand même pas aussi simple ! Tu sais distinguer un cheval pie d'un alezan, tu sais panser[1] un poney, aller au pas, au trot et un peu au galop, faire venir Princesse vers toi quand tu es à pied à côté d'elle ?

– Bah… Oui !

– Eh bien… C'est le genre de connaissances qu'on peut te demander à l'examen, dit Nathan, qui s'est approché des filles sans qu'elles le remarquent. Après, ça dépend du niveau.

Il poursuit d'une voix incertaine :

– Mes parents veulent que je passe mes galops 1 et 2, pour vérifier que j'ai vraiment appris des choses ici. Mais moi, je n'ai pas envie.

– Eh bien, ne le fais pas ! déclare Camille. Tu n'es pas obligé !

– Mais ça a l'air si important pour eux, surtout pour ma mère !

1- Nettoyer un poney avant de le monter et après.

– Tu as peur de les passer et peur de ne pas les passer, résume Camille en lui souriant. Ton cas est compliqué !

Le garçon se met à trembler légèrement. Il ajoute rapidement :

– Ne vous inquiétez pas ! Ça va aller.

« Ah bon ? On ne dirait pas ! » se dit Léa, en le regardant rejoindre Spirit.

Elle attire Mathilde près d'elle et lui chuchote :

– Et si je passais mes galops 1 et 2 avec Nathan ? On pourrait s'entraider, et ça le rassurerait, non ?

– Génial ! Comme ça, on révisera tous les trois ensemble.

Chapitre 2

Les couples se forment rapidement dans la grande salle, sous la direction d'Olivier : comme il n'y a pas de nouveau cavalier aujourd'hui, chacun choisit son poney préféré. Léa demande Princesse, Mathilde va faire équipe avec Cheyenne, le pie noir qu'elle adore. Camille reste fidèle à Lune, et Clémence à Bambou, le poney couleur caramel. Quant à Nathan, il indique qu'il veut Spirit, mais tout le monde a vu qu'il était déjà allé le chercher. Olivier ne lui fait pas de remarque : il a vu que le jeune cavalier n'était pas en forme. Il demande à tous les enfants :

– Alors, qui veut passer un galop la semaine prochaine ?

– Moi ! répond Mathilde.

– Donc tu passeras ton galop 3, puisque tu as déjà les deux premiers. Quelqu'un d'autre ?

Camille explique :

– Lune et moi, on est bien comme ça. Pour l'instant, je n'ai pas envie de passer d'examen.

Léa se lève et déclare :

– Moi ! J'aimerais bien le passer avec Nathan !

Ce dernier regarde son amie avec surprise, puis il lui sourit.

– Donc je vous inscris tous les deux pour

le galop 1. Et pour le 2 si vous réussissez le 1.

Olivier se tourne vers Nathan et l'interroge :

– Tu es d'accord ?

– Oui… Je crois.

Clémence râle :

– Nathan va passer des galops alors qu'il n'en a pas envie, et moi, maman ne veut pas. C'est vraiment pas juste.

– Ce sera pour la prochaine fois, la console Olivier. Pour le moment, tu pourrais aider les autres à réviser ? Qu'est-ce que tu en penses ?

Le visage de Clémence s'éclaire : jouer à la maîtresse, elle adore. D'ailleurs, elle voudrait bien commencer tout de suite. Dès qu'elle est allée chercher Bambou dans son box, elle vérifie la façon dont les autres pansent leurs poneys, puis interpelle Nathan comme si elle était une monitrice – et pas très sympa en plus :

– Tu ne t'y mets pas ?

Les yeux du garçon lancent des éclairs.

– Mon poney est déjà préparé, mademoiselle Je-sais-tout. Mais je vais brosser la crinière, puisque j'ai du temps. Olivier, est-ce que je peux prendre une cuillérée d'huile d'olive à la cuisine ?

Comme la réponse a été « oui », dès que Nathan est de retour dans la cour, il disperse quelques gouttes sur les crins de Spirit, puis les peigne. Tous les nœuds se défont en douceur. Bientôt, le welsh est apprêté comme pour un concours. Olivier félicite le jeune cavalier :

– Bravo, Nathan ! Tu es prêt ?

– Je ne sais pas... J'aime bien monter à poney, mais passer des examens, ce n'est pas mon truc. Tout le monde va regarder si je fais des erreurs. C'est comme à l'école quand il faut dire une récitation devant la classe. Ma tête se vide ! J'aurai zéro.

Ses lèvres tremblent. Mathilde veut le rassurer :

– Ce n'est pas noté. Et puis ce qui te sera demandé pour le niveau 1, tu sais déjà le faire. De toute façon, tu ne seras pas seul : Spirit et toi, vous formez un duo de choc !

– Plus Princesse et moi, ça fait même quatre, ajoute Léa. Au départ, je n'avais pas très envie d'essayer, mais avec toi, oui ! On va y arriver ensemble ! D'ailleurs, avec Mathilde, on a eu une idée.

– Ça tombe bien, moi, je n'en ai pas, grogne Nathan.

– On s'est dit qu'on allait réviser tous les trois ensemble : il y a des connaissances communes aux trois galops ! Camille et Clémence nous aideront. Ça te dit ?

– D'accord ! acquiesce Nathan avec un sourire.

Maintenant que les poneys sont pansés, le petit groupe va dans la sellerie prendre les tapis, les selles et les filets. En sortant de la pièce, Mathilde pousse Nathan du coude et lui propose :

– Pour commencer à s'entraîner, on va jouer. Je serais le poney et toi le cavalier, O.K. ?

– Tu parles d'un jeu ! grommelle le jeune garçon.

– Allez, viens ! le bouscule gentiment son amie en repoussant sa longue mèche.

Ils se rendent dans la cour. Mathilde saisit une extrémité d'une corde qu'elle a choisie dans la sellerie, et elle tend l'autre à Nathan.

– Tu me dis ce que je dois faire, déclare-t-elle. Mais sans parler. Juste avec des regards et des gestes.

Nathan tire sur la corde et Mathilde résiste comme le ferait un poney qu'on voudrait forcer à avancer. Le garçon réfléchit, puis capte le regard de la fillette en secouant la corde, sans tirer cette fois. Mathilde le

regarde et avance tout de suite en s'ébrouant. Nathan s'amuse à l'amener à droite, puis à gauche, il ne pense plus qu'au plaisir de se faire comprendre d'un coup d'œil ou d'un geste léger.

Mathilde conclut :

– Agis avec Spirit comme tu viens de le faire avec moi, et ça ira tout seul.

Clémence, qui les a observés, veut aider Nathan à sa façon. D'un ton autoritaire, elle lui demande :

– Voyons maintenant les questions théoriques… Comment s'appelle le club où tu t'entraînes ?

Nathan jette des regards affolés vers Spirit, comme si le poney pouvait lui souffler les réponses.

– C'est… euh… le poney-club de la Forêt verte, répond-il, euh non, bleue, évidemment.

Mathilde comprend combien le garçon se sent mal de nouveau, mais Clémence a déjà enchaîné :

– Tu connais les différentes parties de la selle, bien entendu ?

Léa se tait, elle aussi. Comme Nathan sans doute, elle a un grand trou noir dans la tête. Là où ses connaissances sont bien rangées d'habitude, il n'y a plus que du vide. Et une sorte de rengaine : « Galop 1, galop 1, galop 1... »

Nathan se secoue, et tente de répondre :

– Il y a le siège, le pommeau à l'avant et le trouquin à l'arrière...

– Le troussequin, rectifie Clémence. On va passer à...

– Laisse-le tranquille, l'interrompt Olivier, qui a rejoint le groupe. Dès que la confiance reviendra, le troussequin et le reste reviendront à leur place dans son cerveau. Et maintenant, en route pour une petite promenade en forêt ! Au soleil du matin, c'est parfait.

– Mais les candidats aux galops apprendraient mieux dans la carrière, non ? objecte Clémence.

– Pourquoi ? On peut travailler son équilibre en s'amusant sur les chemins ! Au pas, au trot et au galop !

Nathan retrouve le sourire : se balader à dos de poney, il adore !

Les jours de la semaine défilent à toute vitesse. Léa ne pense plus qu'au week-end :

Nathan et elle passeront leur galop 1 en contrôle continu tout le samedi, puis, s'ils le réussissent, ils tenteront le galop 2 sur une demi-journée, le dimanche matin, avec Olivier ; Mathilde se consacrera à son galop 3 sous la conduite d'Emma, une des jeunes monitrices. Les deux amies en parlent tous les jours à l'école : dans la cour, à la cantine, et même, parfois, elles s'échangent des petits mots en secret pendant les cours. Le vendredi soir, elles font une pause à la ferme de Mathilde et elles essaient de réviser dans leur livre encore une fois... Mais c'est difficile, parce qu'elles ont aussi envie d'aller voir Dolly et Doux Rêve ! Alors elles vérifient leurs connaissances avec l'aide de la ponette.

– Montre-moi ses antérieurs, demande Mathilde à Léa, qui désigne immédiatement les jambes avant de Dolly.

– Très bien ! De quelle race est-elle ?

– Connemara ! C'est une race originaire d'Irlande, très robuste et courageuse.

Galops
1,2,3

– Quand Dolly a les oreilles pointées vers l'avant, qu'est-ce que ça veut dire ?

– Qu'elle est attentive et qu'elle écoute, comme en ce moment !

– Bravo ! À toi de me poser des questions, propose Mathilde en ouvrant son livre aux pages consacrées au galop 3.

Léa feuillette le manuel.

– Voyons... Est-ce que tu peux nommer les différentes robes[2] alezanes ?

– Euh... Il y a l'alezan brûlé, l'alezan café au lait et le...

– Le palomino !

Mathilde en a assez des questions. « Il va falloir que je révise », reconnaît-elle intérieurement.

– Viens, on va changer la litière de Dolly. Elle n'est plus très propre, et puis c'est un exercice du galop 3 ! Depuis le temps que je le fais, je pense que je devrais y arriver devant Emma !

2- Couleur des poils des chevaux.

Les deux fillettes attrapent une fourche et enlèvent le crottin avant de mettre de la paille fraîche, sous les yeux attentifs de Doux Rêve. Plutôt agréable, cette révision pratique dans l'écurie si familière !

Chapitre 3

Voici le samedi tant attendu. Léa arrive à l'heure habituelle au poney-club, à vélo, mais pas de Nathan à l'horizon. Pas de Mathilde non plus d'ailleurs ; elle a prévenu son amie qu'elle viendrait de son côté, mais a refusé d'expliquer pourquoi. Léa met son nez dans les roses odorantes, bavarde avec Mme Toublond, caresse Saga le chat... Les enfants qui ne passent pas de galop ont dit qu'ils viendraient plus tard dans la journée.

La voiture noire des parents de Nathan apparaît et le garçon s'en extirpe. À Léa qui s'étonne de le voir aussi pâle que la semaine précédente, il explique :

– J'ai encore eu mal au ventre cette nuit.

– Tu es venu quand même ?

– Oui ; je préfère passer mes galops ce week-end avec toi que tout seul plus tard dans l'année.

À cet instant, Mathilde apparaît enfin, mais pas à vélo. Elle monte... Dolly, qui vient au club pour la première fois ! La cavalière n'est pas peu fière ! Elle se laisse souplement glisser à terre et attache sa ponette aux barrières. Dolly observe à droite, à gauche, hume l'air saturé d'odeurs de poneys qu'elle ne connaît pas... Elle tape nerveusement ses

ECURIE

sabots sur la terre. Pour la calmer, Mathilde souffle des mots doux à son oreille frémissante et lui gratouille le front.

Olivier sort de la grande salle et salue les trois enfants. Il caresse Dolly, l'examine attentivement, capte son attention, la fait reculer, lever un antérieur, et regarde Mathilde, qui attend d'un air anxieux.

– C'est bon, ma grande, tu peux passer ton galop 3 avec ta Dolly, finit-il par décider. Va rejoindre Emma dans le grand manège.

– C'était ça, le mystère ! s'exclame Léa. Tes parents sont d'accord ?

– Ils en ont discuté avec Olivier par téléphone. Il a dit que je pouvais essayer, et moi, ça m'amusait de venir à cheval, pour une fois !

– Mais comment tu as eu cette idée ? demande Nathan.

La jeune cavalière fixe Léa, qui comprend tout à coup.

– Mais oui, hier, on a joué à passer le

galop 3 chez toi avec Dolly, et tu t'es dit « Pourquoi ne pas faire équipe avec elle », c'est ça ?

– Gagné. Dolly n'est pas très entraînée, mais bon... Et puis comme ça, Doux Rêve va apprendre à rester un peu seul, sans sa maman chérie !

Camille et Clémence, déposées plus tôt que prévu par leurs parents, vont chercher leur poney préféré dans les boxes. Camille ramène Lune avec le licol ; elle s'est placée à sa gauche et tient la longe pas trop longue, comme elle a appris. D'accord, elle ne passe

pas de galop, et alors ? Autant s'appliquer, comme toujours ! La ponette aux longs poils noirs la suit calmement, un pas en arrière. Clémence tient Bambou d'un air bougon.

Nathan attache Spirit à côté de Princesse, pour être près de Léa. Aussitôt, le poney tire sur sa corde pour flairer sa voisine. Puis il la mordille gentiment. Les deux enfants sont ravis que leurs montures s'entendent si bien. Ils se tournent l'un vers l'autre pour en parler... mais soudain ils se regardent des pieds à la tête et se sourient : tous les deux portent un pantalon d'équitation tout neuf, de couleur claire, et une veste sombre bien repassée. Décidément, c'est un jour important pour eux !

– Faites comme d'habitude, en vous concentrant bien, leur conseille Olivier. Pour commencer, je vais vous poser quelques questions théoriques. Puis nous irons à la carrière pour les exercices pratiques. Et dès que vous aurez le galop 1, en fin d'après-midi, vous pourrez réviser le galop 2 pour demain matin.

Léa et Nathan font « oui » de la tête. Mais Nathan murmure à son amie :

– Mon cerveau est tout mou...

Olivier l'a entendu ; il propose :

– On va se décontracter ensemble. Respirez tranquillement, sentez votre ventre se gonfler et se dégonfler comme un ballon. Bien ! Maintenant, on s'étire.

Olivier tend ses bras vers le haut, il inspire l'air frais et expire lentement, et il bâille. Léa et Nathan l'imitent, et aussitôt c'est le concours du plus grand bâillement ! Spirit et Princesse, à côté d'eux, ouvrent la bouche, les oreilles relâchées sur les côtés, et les yeux presque fermés. Olivier s'exclame :

– Regardez, ils bâillent et se détendent, comme nous !

Ouf, ça va mieux tout à coup. Les idées des enfants sont revenues à leur place.

Olivier pose les questions annoncées :

– Que faut-il mettre sur sa tête avant de monter sur un cheval ?

– Un casque ! répond Léa.

– Une bombe ! s'écrient Nathan et Clémence en même temps.

– Les deux mots sont corrects, bravo, apprécie Olivier. Ah, Clémence, s'il te plaît, va faire une reprise[3] avec Élodie. Tu ne dois pas répondre à la place des autres, même si tu connais la réponse. Ce n'est pas cela, « aider ». Nathan passe son galop 1, pas toi. Tu l'as déjà !

La grande fille blonde s'éloigne en haussant les épaules.

Olivier la suit des yeux un instant, soupire et poursuit :

– Quand un poney a les oreilles couchées en arrière, qu'est-ce que cela veut dire ?

– Princesse fait ça quand elle n'est pas contente ! répond Léa.

Nathan ajoute :

3- Exercices d'équitation.

– À ne pas confondre avec les oreilles qui écoutent derrière, comme quand Spirit entend un bruit qui lui fait peur.

– Encore bravo, tous les deux ! Bien, j'ai vu tout à l'heure que vous savez parfaitement amener votre poney en licol, j'ai vérifié le nœud que vous avez fait pour l'attacher à la barrière, tout est parfait... Hop, en selle, et direction la carrière !

– Tu peux m'aider à monter, Olivier ? demande Léa.

– Oui, c'est permis pour le galop 1.

Léa se place à gauche de Princesse, elle ajuste les rênes, attrape une poignée de crins de sa main gauche et le troussequin de sa main droite ; Olivier saisit sa jambe gauche pliée, un élan, et elle se retrouve là-haut, bien assise.

Léa et Princesse sont les premières à effectuer les slaloms. Quelques foulées au pas, quelques-unes au trot... et elles effectuent des figures de manège[4].

4- Tracés que le cavalier dessine avec son cheval dans un manège ou une carrière.

Quand Léa a terminé, Nathan essaie de sauter en selle. Rien à faire ! Olivier vient l'aider, et c'est leur tour dans la carrière.

– Ressangle Spirit, s'il te plaît, la selle tourne un peu ! demande Olivier au garçon.

Nathan stoppe son poney, prend les rênes dans sa main droite, s'assure qu'il est bien stable sur ses deux fesses, soulève sa jambe gauche et resserre la sangle.

– Très bien ! Arrête-toi.

Nathan perd tout à coup l'équilibre ! Il se raccroche *in extremis* à la crinière de Spirit.

– Tu as bien réagi, l'encourage le moniteur.

Nathan respire à fond, se rassied bien d'aplomb, relâche ses jambes et, avec une main douce et ferme, il met Spirit au pas. Puis, à la demande du moniteur, par un léger mouvement de son bassin, il fait quelques foulées de trot.

– Parfait ! le félicite Olivier.

Le samedi passe vite entre les exercices à pied, les questions et les reprises en selle. Mais Olivier ne donne toujours pas les résultats, l'anxiété monte. En attendant, il faut ranger le filet, la selle et le tapis, nettoyer Princesse et Spirit et les ramener chacun dans son box. Nathan traîne aux barrières, il n'en finit pas de passer la brosse douce et le bouchon sur la robe brune de son ami. On dirait qu'il a envie de rester là toute la soirée.

Olivier appelle finalement les deux enfants et leur déclare :

– Alors...

– Alors ? demandent-ils à l'unisson.

– Vous avez votre galop 1. Bravo !

– Ouf ! soupire Nathan.

– Super ! se réjouit Léa. Je suis contente que tu l'aies... et de l'avoir aussi !

Camille, qui est revenue dans la cour après une promenade, les applaudit.

Quand ses parents arrivent, Nathan les mène vers Spirit et leur dit :

– Grâce à lui, j'ai mon premier examen d'équitation.

– Grâce à toi-même, mon chéri, lui dit sa maman, une jeune femme brune rayonnante, en le serrant dans ses bras. Demain, tu vas faire la même chose pour le galop 2, tu me le promets ?

« Comment promettre une chose pareille ? s'interroge Léa. Impossible ! »

Elle s'apprête à rentrer chez elle, quand elle s'aperçoit qu'elle n'a pas vu Mathilde de l'après-midi. Elle repose son vélo et file vers le grand manège. Son amie est en train de supplier Emma :

– Laisse-moi essayer encore une fois, s'il te plaît !

La monitrice accepte. La fillette dirige sa ponette vers le petit obstacle, mais au dernier moment Dolly fait un écart et ne saute pas.

– Encore raté ! soupire Mathilde.

Emma clôt la séance :

– Ta ponette est très intelligente. Mais

elle n'est pas assez entraînée ! Il lui faudra encore beaucoup de travail pour surmonter ses peurs. Tu pourrais peut-être la confier au club quelques mois, et je m'en occuperais ?

Silence de la jeune cavalière.

– Maintenant, conseille la monitrice, il vaudrait mieux que tu termines les épreuves pratiques de ton galop 3 avec Cheyenne.

Mathilde rejoint Léa en dehors du manège, tenant Dolly par les rênes. Son visage est fermé.

– Ça ne s'est pas bien passé ? s'inquiète Léa.

– Si, j'ai même réussi à dessiner un cheval en nommant toutes les parties de son corps, et tout ! Mais c'est Dolly...

– Elle n'y arrive pas ?

– Je n'ai pas assez travaillé avec elle. Tu as entendu, il va falloir que je continue avec Cheyenne. Dommage... Et vous ?

– Ça a été. Et si on révisait ensemble ce soir ? suggère Léa. Je l'ai promis à Nathan, et puis ça me rassurerait...

– Archi d'accord ! s'exclame Mathilde. Moi, c'est pareil pour le galop 3. On propose à Clémence et Camille de nous aider ?

Tous demandent à leurs parents l'autorisation de rester réviser au club pendant la soirée. C'est oui !

Après le dîner, les cinq cavaliers s'installent à une table sur la terrasse, devant la grande salle. Clémence a apporté son livre sur les galops. C'est parti ! Elle choisit une question :

– Comment fait-on reculer son poney en étant à pied ?

– Il faut se mettre face à lui et le pousser légèrement vers l'arrière, répond Léa.

– L'encourager avec la voix... propose Nathan.

– Et si ça ne suffit pas, on le sollicite avec le bout de la longe, complète Mathilde.

– Bravo à tous les trois, conclut Camille. À mon tour de poser une question : est-ce qu'il faut donner de l'eau à un poney ?

– Oui, tous les jours ! répond Nathan. Spirit boit dès qu'il peut, je le vois bien.

– De l'eau froide ?

– Non, ça lui donnerait mal au ventre. Un peu tiède, c'est mieux, indique Mathilde.

– Allez, une devinette maintenant, décide Clémence.

Elle place au milieu de la table une page du livre ouvert où sont représentées plusieurs brosses.

– Le premier à les nommer a gagné un chocolat chaud !

Bouchon, brosse douce et étrille retrouvent leur nom au milieu des rires, et les cinq enfants terminent la soirée avec des moustaches de chocolat chaud. Même Nathan est content :

– Des révisions aussi sympa, j'en veux bien tous les jours !

Chapitre 4

Le lendemain matin, Léa, Mathilde et Nathan se retrouvent pour passer la suite de leurs examens.

Les poneys sont attachés aux barrières pour le pansage. Léa caresse la tête de

Princesse pendant que Nathan cure les pieds de Spirit ; Mathilde masse le garrot de Cheyenne, qui met le bout de son nez en avant en bougeant les lèvres. Finalement, la fillette n'est pas mécontente de retrouver le poney noir et blanc grâce auquel elle est devenue amie avec Léa.

Nathan soulève ses épaules et les abaisse lentement en respirant profondément. Spirit se met à inspirer et expirer au même rythme lent. On dirait qu'ils se parlent. Ils sont prêts pour les épreuves du galop 2 : aller au pas, au trot et un peu au galop, sauter un obstacle bas, répondre à des questions, comme les enfants l'ont fait la veille au soir...

Dans le manège, Olivier fait un temps d'échauffement. Puis on commence ! Léa déroule seule quelques figures au trot : une volte[5], une diagonale[6]... Elle alterne le trot enlevé et le trot assis, mais elle est tendue,

5- Cercle de 10 ou 20 mètres de diamètre sur la piste.
6- Droite oblique qui traverse le manège. Elle commence après le deuxième coin de la largeur et se termine avant l'autre coin.

et son poney est assez inconfortable. Elle se tape un peu les fesses, se trompe de direction, et ses pieds se retrouvent dans le vide. Elle passe au pas, reprend sa respiration et ses étriers, caresse son poney. Ensuite, ouf ! Elle réussit à bien dessiner sa volte, prend le galop sur le petit côté du manège, le dos souple et les mains accompagnant la bouche de son poney. Elle se dirige vers l'obstacle et le franchit avec légèreté.

Au tour de Nathan maintenant... Il semble distrait: quand Olivier lui demande de partir à gauche, il part à droite. Il met son poney au galop au lieu d'aller au trot. Et quand vient l'exercice du saut, à dix mètres de l'obstacle, Spirit accélère tout seul. Nathan n'arrive pas à le ralentir! Le poney a les yeux agrandis et ourlés de blanc, il ne prête plus attention aux paroles de son cavalier, aux indications des rênes, c'est comme s'il était seul au milieu d'une meute de loups. Il fait deux fois le tour du manège au galop, en évitant l'obstacle. Enfin, le garçon parvient à le ralentir, puis à l'arrêter en lui faisant décrire un tout petit cercle. Il se penche sur son poney, qui souffle en secouant furieusement la tête, et l'interpelle comme s'il attendait une réponse:

– Qu'est-ce qui t'a pris?

Olivier s'approche pour examiner Spirit.

– Regarde, Nathan, là, près de son œil droit.

Une mouche plate est en train de piquer le poney, qui tape le sol de ses sabots et fouette l'air avec sa queue !

Olivier écrase l'insecte entre deux doigts et observe la petite plaie. Spirit, soulagé, se détend légèrement. Mais quand Nathan veut lui faire à nouveau sauter l'obstacle, rien à faire.

– Est-ce qu'il a encore mal, ou bien est-ce que je ne sais pas le guider ? s'inquiète Nathan.

Soudain, il se penche vers la tête de son poney et pousse un cri étouffé.

Le moniteur revient examiner l'œil de Spirit, qui a gonflé de façon impressionnante.

– C'est un œdème. Il fait une allergie aux piqûres d'insectes !

– C'est grave ?

– Je ne pense pas. Je vais lui appliquer une crème, et si ça ne passe pas, nous appellerons le vétérinaire.

Nathan est de nouveau couleur de craie. Sauf que ce n'est plus pour son passage de galop qu'il s'inquiète. Olivier appelle Élodie pour qu'elle le relaie pendant qu'il va chercher le produit dans la pharmacie.

Mathilde propose d'emmener les poneys boire, car il fait chaud.

– De l'eau tiède, précise-t-elle en souriant à ses amis. Léa l'accompagne : il faut être au moins deux pour conduire plusieurs poneys à la fois. Spirit, d'ailleurs, refuse de bouger. Nathan lui caresse le dos, les flancs et la croupe. Il s'arrête longuement sur l'encolure. Et ça marche ! Le poney se décontracte peu à peu, il ferme les yeux, même celui qui est boursouflé. Nathan pose sa joue sur celle de Spirit et lui chante une mélodie qu'il semble inventer au fur et à mesure, juste pour eux. Lorsque Olivier revient et masse doucement la petite blessure avec le baume, le poney se laisse faire. Il ne reste plus qu'à le ramener à son box et à espérer qu'il ira mieux dans l'après-midi !

Du coup, c'est la pause pour Léa aussi. Elle attache Princesse aux barrières et part déjeuner avec les autres enfants. Tiens, Nathan n'est pas là... Il n'a pas faim ? Elle attrape un morceau de pain et une tranche de jambon, et part à la recherche de son ami. Elle a deviné juste : il est dans le box avec Spirit, assis par terre, l'air abattu. Elle lui tend le sandwich improvisé et tente de le rassurer :

– Ne t'en fais pas, son œil commence à désenfler !

– Oui, mais je ne suis pas un bon cavalier... J'ai fait trop de fautes ce matin. En plus, je n'ai pas réussi à comprendre ce qui arrivait à Spirit.

Il réfléchit et déclare :

– Finalement, je m'en fiche un peu du galop 2. La matinée d'examen est passée, je sais bien que je ne l'ai pas eu. Ce que je veux surtout, c'est que Spirit reste mon ami. Toujours. Et toi aussi.

Chapitre 5

L'après-midi, Olivier rassemble Nathan, Léa et Mathilde dans la cour, avec leurs montures.

– Léa, tout va bien. Mathilde, pas de problème, tu as le galop 3 avec Cheyenne, tu as bien fait de changer de poney ; tu passeras le galop 4 quand tu te sentiras prête, tu en as le niveau. D'accord ?

– D'accord ! répond Mathilde avec un grand sourire – et Léa lui saute au cou tant elle est heureuse pour son amie.

Une voix grave dit alors d'un ton triste :

– Mais moi...

Olivier regarde Nathan et déclare :

– Et toi, Nathan, tu as réussi le galop 1 dès ce week-end, et le 2 sera pour bientôt ! La peur de l'examen, tu mettras peut-être un peu de temps à la dépasser. On travaillera ça ensemble la prochaine fois.

Le petit poney welsh se rapproche de son cavalier et pose le museau sur son épaule, en soufflant une haleine chaude. Nathan demande d'un ton plein d'espoir :

– Alors la prochaine fois que j'essaierai, tu crois que je...

Olivier s'exclame :

– Je ne crois pas, j'en suis sûr ! Tu avais

besoin de savoir si tu étais capable, et si Spirit avait confiance en toi, eh bien, tu as la réponse, c'est...

– C'est oui ! s'écrie Nathan.

Mais il se referme presque instantanément.

– Il va falloir annoncer la mauvaise nouvelle à mes parents.

– Tu as encore un petit moment, va monter Spirit avec Élodie, si tu veux, propose Olivier.

Nathan rejoint la jeune monitrice dans la carrière. Maintenant qu'il n'est plus question d'examen, il semble aussi heureux que d'habitude. Léa s'accoude à la barrière pour les regarder évoluer, Spirit et lui. Nathan agite un peu la main, respire profondément, et le poney vient tout de suite à sa rencontre. Le jeune cavalier monte en selle avec légèreté, il se tient droit, en parfait équilibre, sans pencher ni à droite ni à gauche. Le couple exécute avec aisance les demandes d'Élodie : « Fais une volte !... Double dans la largeur maintenant. »

Cette fois, Nathan ne se trompe pas de sens. Puis il enchaîne avec du travail à pied. Depuis qu'il a révisé le trot, il sait comment le demander à Spirit avec la voix, la longe, et tous deux trottent bientôt l'un à côté de l'autre.

À quatre heures, la voiture noire entre dans la cour. La jeune femme brune en jaillit, un peu décoiffée. Elle sourit anxieusement et va s'accouder elle aussi à la barrière. Elle est saisie par l'assurance de son fils, la façon dont Spirit répond à la moindre de ses demandes, tout en souplesse. Son mari l'a rejointe et tous deux, épaule contre épaule, admirent les évolutions de leur fils et de son poney préféré.

Olivier s'approche et remarque :

– Voici un excellent cavalier.

Lorsque Nathan sort de la carrière, suivi par Spirit, sa maman se précipite vers lui.

– Tu as réussi ton examen, évidemment ? Tu montes tellement bien !

Le garçon ne répond pas. Olivier intervient doucement :

– Il l'a raté ce matin, madame, parce qu'il était trop tendu.

– Mais alors... balbutie la jeune femme.

– Alors nous lui avons donné une seconde chance sans qu'il le sache, et il vient de l'obtenir sous vos yeux.

Nathan ouvre de grands yeux étonnés. Olivier lui met la main sur l'épaule et continue :

– Vous pouvez être fiers de lui, tous les deux.

– J'ai réussi grâce à Léa, Mathilde, Olivier, Élodie, Camille... et Spirit ! précise Nathan à ses parents.

Il se tourne vers son poney, passe la main sur sa crinière si bien peignée, et lui murmure à l'oreille :

– Je te montrerai le diplôme, Spirit, on l'a obtenu ensemble. Mais pas de trop près : tu serais capable de le manger !

En savoir +

Voici un résumé des programmes des galops de la Fédération française d'équitation (FFE)

GALOP 1

S'occuper de son poney

• Observer le comportement de son poney.
• Au box, capter l'attention du poney, le caresser.
• Mettre le licol, faire le pansage.
• Desseller, enlever le filet, laver le mors et ranger le matériel dans la sellerie.

Pratique équestre à pied

• Mener son poney en main au pas sur un slalom.
• S'arrêter.
• Éloigner son poney de soi.

À poney

• Se mettre en selle.
• Être décontracté sur son poney.
• Faire trois respirations profondes et s'étirer.
• Ressangler son poney.
• Prendre et ajuster ses rênes. Pouvoir les allonger, les lâcher et les reprendre.
• Chausser et déchausser ses étriers au pas.
• Être assis dans une bonne posture au pas.

- Diriger au pas et au trot sur slalom.
- Rester en équilibre sur ses étriers quelques foulées au pas et au trot.
- Trotter enlevé.
- Galoper quelques foulées.
- Effectuer des transitions arrêt, pas et trot.

Connaissance générale

- Nommer les principales parties de la selle.
- Nommer les principales parties du filet.

Connaissances du poney

- Expliquer les principales postures du poney et ce qu'elles expriment.
- Nommer les parties du licol.
- Reconnaître et décrire les trois allures : le pas, le trot et le galop.
- Reconnaître et décrire les trois robes de base : le noir, l'alezan et le bai.
- Montrer les principales parties extérieures du poney.
- Définir les aides naturelles et artificielles.

GALOP 2

S'occuper de son poney

- Aborder un poney en stabulation ou au pré.
- Le lâcher dans son box, son pré ou dans la stabulation.
- Observer les comportements des poneys entre eux.
- Faire un pansage en utilisant la brosse douce, l'étrille et le bouchon.

- Curer les pieds du poney.
- Faire un nœud d'attache.
- Distribuer les aliments.
- Mettre un filet.
- Seller.
- Entretenir la selle.

Pratique équestre à pied

- Faire reculer le poney de deux pas au minimum.
- Le mener en main sur un tracé précis alternant des lignes droites et des courbes des deux côtés.
- Le mener en main au trot quelques foulées.
- Déplacer ses épaules ou ses hanches.
- Déplacer la tête du cheval ou du poney à droite et à gauche, en haut et en bas.

À poney

- Se mettre seul en selle.
- Ressangler en selle.
- Régler ses étriers à pied et à cheval.
- Lâcher ses rênes, les reprendre et les ajuster au trot enlevé.
- Trotter assis en étant décontracté et tonique.
- Galoper assis en étant décontracté et tonique.
- Alterner l'équilibre assis et sur les étriers au pas, au trot et au galop.
- Changer d'allure sur des transitions simples et progressives : arrêt – pas ; pas – trot ; trot – galop.
- Diriger au pas et au trot sur : voltes, diagonale et doubler.
- Sauter un petit obstacle sur la piste au trot et au galop.

Connaissance générale

- Expliquer les aides pour avancer et leur graduation.
- Nommer les parties du filet et de la selle.
- Dessiner sur un papier et nommer les figures de manège : volte, diagonale, doubler.
- Reconnaître et nommer la brosse douce, l'étrille, le

bouchon et le cure-pied.
• Décrire les différents types de logements des chevaux : pré, paddock, stabulation, box.
• Connaître les principales activités équestres de la FFE et les principales activités proposées par son club.

Connaissances du poney

• Décrire les caractéristiques principales des cinq sens du poney.
• Décrire leurs comportements entre eux.
• Décrire leur comportement alimentaire.
• Décrire la bouche du cheval et la façon dont il s'alimente.
• Reconnaître les aliments de base suivants : herbe, foin, paille, céréales, granulés.
• Connaître ses besoins en eau.
• Reconnaître et décrire les robes : le blanc, le gris, le crème et le chocolat.
• Montrer les parties principales des membres : genou, jarret, canon, boulet, paturon, couronne, sabot.
• Nommer et reconnaître trois races de chevaux ou de poneys présents dans son club.

GALOP 3

S'occuper de son poney

• Ajuster le harnachement.
• Démonter, remonter et entretenir un filet.
• Effectuer un pansage complet de son poney.

- Doucher les membres.
- Graisser les pieds.
- Entretenir la litière.
- Entretenir l'abreuvoir.

Pratique équestre à pied

- Mener son cheval ou son poney en main en enchaînant des courbes serrées au pas des deux côtés.
- Reculer avec lui droit sur quelques foulées.
- Déplacer les épaules ou les hanches du poney sur plusieurs pas.

À poney

- Déchausser et rechausser ses étriers au trot et au galop.
- Être stable en équilibre sur ses étriers au trot.
- Maintenir son équilibre sur ses étriers au pas et au galop.
- Être assis au trot et au galop en cherchant à conserver une bonne position.
- Changer d'allure sur des transitions simples en un point précis : arrêt – pas ; pas – trot ; galop – trot.
- Partir au galop sur le bon pied du pas ou du trot sur une courbe. Accélérer et ralentir aux trois allures. Diriger au trot sur un slalom et au galop sur un tracé défini. Sauter un obstacle isolé de 60 centimètres environ en contrôlant l'allure et la direction. Réaliser un parcours d'obstacles simples de 50 centimètres environ.
- Aller en extérieur et en terrain varié.

Connaissance générale

- Expliquer les aides pour tourner.
- Nommer et situer les parties extérieures du poney.
- Expliquer comment partir au galop par aides diagonales.
- Expliquer les conditions de base du bon abord

d'un obstacle : tracé, vitesse, équilibre.
• Dessiner sur un papier et nommer la demi-volte et la demi-volte renversée.
• Décrire la posture du cavalier assis et expliquer l'assiette.
• Expliquer la raison du changement de diagonale au trot enlevé.
• Expliquer l'action des aides : agir, résister, céder. Identifier quelques disciplines équestres sportives et leurs caractéristiques, dont celles pratiquées dans son club.

Connaissances du poney

• Expliquer la répartition des activités du cheval à l'état naturel.
• Expliquer ce que sont : le troupeau, la hiérarchie, la dominance, les affinités, l'instinct grégaire.
• Expliquer les différentes litières. Nommer les parties extérieures du cheval.
• Expliquer le rôle de l'entretien des pieds et de la ferrure.
• Décrire l'allure du pas et du trot.
• Reconnaître et nommer les différentes marques blanches : liste, en tête, balzane.
• Reconnaître et nommer les différents épis : de tête, de crinière.
• Reconnaître, nommer et décrire :
– les déclinaisons du bai : isabelle et souris
– les déclinaisons de l'alezan : alezan brûlé, café au lait, palomino.
• Nommer et reconnaître trois races de poneys et trois races de chevaux au minimum.

Pour plus d'informations, se renseigner sur le site de la Fédération française d'équitation, www.ffe.com

TABLE DES MATIÈRES

Sylvie Baussier

De formation littéraire et scientifique, Sylvie Baussier a été éditrice d'encyclopédies avant de se consacrer pleinement à l'écriture pour la jeunesse. Elle est l'auteur de romans : *Abraham, le sacrifice impossible* (Nathan, 2012), *Le Sourire de la guerre* (Oskar, 2012, prix du livre d'Histoire de Blois en 2014), *Les Autres, mode d'emploi* (Oskar, 2014), *Toctoc est amoureux* (Belin, 2014). Elle a aussi écrit de nombreux documentaires pour la jeunesse, dont *Bientôt citoyen* (Casterman, 2012) et *La Mythologie grecque* (Gallimard, 2014) ainsi que des livres animés très appréciés par les plus jeunes, comme le *Kididoc des Pourquoi* (Nathan, 2010) et le *Kididoc des animaux* (Nathan, 2014).

Curieuse de nature, elle est fascinée par ce que les chevaux peuvent nous apprendre sur notre histoire et sur nos propres émotions : elle est l'auteur de *Chevaux et poneys* dans la collection Kididoc (Nathan, 2014) ainsi que de *Monter à poney au naturel*, co-écrit avec Olivier Rabouan (Belin, 2009). Grâce à l'équitation naturelle, elle a pu apprivoiser ses peurs et monter à cheval !

http://sylviebaussier.weebly.com

Olivier Rabouan

Olivier Rabouan enseigne l'équitation près de Poitiers au sein du Club hippique de la forêt de Moulière, qu'il dirige avec sa mère et un de ses frères.

Depuis plus de quinze ans, il pratique et développe l'enseignement de l'équitation naturelle, pour lequel il a reçu, en 2001, les trophées de l'équitation du Salon du Cheval de Paris et, en 2003, de l'innovation pédagogique de la Fédération française d'Équitation.

L'équitation naturelle développe la confiance entre le cavalier et le cheval. Elle apprend à observer son cheval, pour mieux comprendre son langage et mieux communiquer avec lui. À ce titre, cette approche est intégrée dans le programme officiel de la Fédération française d'Équitation.

Depuis 2009, Olivier s'intéresse à l'écriture et à la photographie pour raconter aux lecteurs cette belle rencontre cavalier-cheval.

Avec Sylvie Baussier, Olivier a déjà écrit *Monter à poney au naturel* (Belin, 2009). Il est aussi l'auteur de *L'équitation naturelle* (Ulmer, 2011). Il a d'ailleurs réalisé les photos de ces deux livres, ainsi que celles du *Journal d'un bébé cavalier* de Josette Rabouan (Belin, 2011), en collaboration avec Antoine Rabouan.

http://www.mouliere.com

Lisa Pelissier

Dès l'enfance, Lisa Pelissier commence à dessiner, au sein d'une famille où le cheval est roi, compagnon, sujet de création aussi... Très vite, elle possède sa propre jument. Mais elle ne pose pas ses pinceaux pour autant. Après des études à l'atelier B.D. de Strasbourg, elle revient dans ses montagnes des Pyrénées ariégeoises. Elle élabore alors des projets d'albums jeunesse, tout en rêvant de chevaux américains, aux robes si colorées... Ces chevaux des grands espaces deviennent vite des modèles sur ses cahiers de croquis et une réalité aussi, puisqu'elle se lance dans un petit élevage d'appaloosas et de mustangs. Cavalière passionnée de nature et d'espaces préservés, elle privilégie les rapports de tendresse et de confiance avec ses poulains, comme elle aime à dessiner dans un style poétique et doux.

En 2009, elle signe les illustrations de *La remplaçante est une sorcière* chez Ebla Editions, puis celles de *La Prison sous le ciel* en 2010 et *Maman loup* en 2011 aux éditions Nyniame.

FSC www.fsc.org MIXTE Papier issu de sources responsables FSC® C022030

N° éditeur : 10208445 - N° imprimeur : 504120
Imprimé en mai 2015 par la Nouvelle Imprimerie Laballery
(58500 Clamecy, Nièvre, France)